DEDICATÓRIA

Dedico este livro ao meu filho Noah Atlas e a todas as crianças que são filhos de brasileiros que não terão a oportunidade de crescer conhecendo e aprendendo sobre o Brasil como seus pais. Com muito afeto, também dedico esse livro para os pais que como eu, vivem com o coração batendo forte dentro do peito com muitas saudades e lembranças de uma infância repleta de mangas, maracujás e onças. Este é o primeiro de uma série de livros educativos, focados na história, cultura, fauna e flora do Brasil, com foco especial na preservação da sua biodiversidade.

Carinhosamente,

Lucia

KÛARA

Olá, curumim, eu me chamo Kûara.
O meu nome é de origem
tupi-guarani que significa "Sol"

KAUÊ

Olá, curumim, eu me chamo Kauê.
O meu nome também é de origem
tupi-guarani que significa "homem bondoso".

ONDE FICA A FLORESTA AMAZÔNICA?

A Floresta Amazônica é localizada na região norte e oeste do Brasil e se expande em outros países da América do Sul, como Bolívia e Colômbia. Grande parte da Floresta Amazônica se concentra nos estados do Amazonas, Pará e Pantanal, no Brasil. É o maior reservatório de água doce, com a maior biodiversidade do planeta! Na Foresta Amazônica também se encontram várias espécies de animais, frutas e plantas.

BELÉM

FORTALEZA

RECIFE

MANAUS

SALVADOR

PANTANAL

BRASÍLIA

SÃO PAULO

RIO DE JANEIRO

FOZ DO IGUAÇU

PORTO ALEGRE

O TUPI-GUARANI

O Tupi-Guarani é um conjunto de cinquenta línguas indígenas da América do Sul. A língua oficial do Brasil é o português, mas possui um vocabulário rico composto por palavras de influência indígena das tribos guarani e tupinambá. Palavras como curumim (criança) jaguar, abacaxi, açaí, Copacabana, capoeira, cacau e tapioca são de origem tupi-guarani. Nas culturas indígenas, a relação com o ambiente é fundamental para a sua sobrevivência; portanto, na Floresta Amazônica, os povos indígenas ainda encontram comida, água e remédios.

O Brasil possui o maior número de animais vivendo na natureza do planeta. Na fauna brasileira, vivem mais de 130 mil espécies de animais, sendo que, atualmente, 1713 espécies correm riscos de extinção. Alguns animais nativos do Brasil precisam de proteção contra o desmatamento e urbanização. Conhecendo esses animais brasileiros, podemos contribuir para melhoria do meio ambiente onde eles vivem.

BICHO-PREGUIÇA

Nome tupi-guarani: Aipixuna, Ai

Eu sou o bicho-preguiça. Tenho esse nome porque durmo por volta de vinte horas por dia. Gosto de comer folhas e frutas tropicais. Vivo nas árvores e só desço para ir a outras árvores ou para ir ao banheiro uma vez por semana.

1

BOTO-COR-DE-ROSA

Nome tupi-guarani: Uauiará

Eu sou o boto-cor-de-rosa, uma espécie de golfinho que vive nas águas doces dos rios da Floresta Amazônica. Quando me torno adulto, chego a pesar até duzentos quilos e ter 2,5 metros de comprimento. Meus irmãos machos possuem um tom de rosa mais forte que as minhas irmãs fêmeas.

ARARA AZUL

Nome tupi-guarani: A'rara que significa ave grande

Eu sou a arara azul conhecida por minhas cores e meu tamanho. Minhas penas são azuis com detalhes amarelos ao redor dos olhos e do bico. Isso nos faz uma das aves mais bonitas voando pelas florestas tropicais, principalmente no Pantanal. Chego ao tamanho de um metro e posso viver até os 54 anos. Normalmente, um casal de araras azuis vive junto por toda a vida. Para sobrevivermos e termos mais filhotes precisamos de um ecossistema balanceado e conservado.

3

CAPIVARA

Nome tupi-guarani: Kapibara

Eu sou a capivara, um roedor típico do Brasil. Somos muito simpáticos e adoramos viver em família. Gostamos de viver perto dos rios e lagos do Pantanal e do Amazonas. Adoramos nadar. Sabia que conseguimos segurar a respiração embaixo da água por até cinco minutos? Comemos muitas plantas aquáticas e podemos chegar até oitenta quilos.

TAMANDUÁ

Nome tupi-guarani: Ta-monduá

Eu sou o tamanduá-bandeira, um mamífero encontrado em todo o Brasil. Vivo cerca de 25 anos e me alimento de formigas e insetos, posso comer até 35 mil insetos por dia. Gosto muito de nadar e uso as patas para subir em árvores.

ONÇA PINTADA

Nome tupi-guarani: Jaguar

Eu sou a onça-pintada, o maior felino carnívoro da América do Sul. Pertenço à mesma família dos tigres e dos leões, chego a pesar 135 quilos e sou muito forte. Estando na natureza, vivo de doze a quinze anos. Com pintinhas pretas no pelo dourado, sou um dos símbolos da fauna brasileira.

TARTARUGA MARINHA

Nome tupi-guarani: Îurukûá

Eu sou a tartaruga marinha, um réptil que já existe há 180 milhões de anos. Eu sou uma evolução das tartarugas de água doce, mas tenho a carapaça mais achatada e também mais leve. Como minhas patas são nadadeiras, viajo por todos os oceanos. Alimento-me principalmente de peixes, moluscos algas, esponjas, plantas aquáticas e crustáceos.

MICO-LEÃO DOURADO

Nome tupi-guarani: Saguipiranga

Eu sou o mico-leão dourado, uma espécie de macaco da mata atlântica brasileira. Consideram-me o mascote de conservação da biodiversidade porque tenho uma aparência docinha e simpática. Posso viver até oito anos. Tenho hábitos noturnos e como muitas frutas e plantas.

ARARA VERMELHA

Nome tupi-guarani: Ará

Eu sou a arara vermelha e posso ser encontrada em florestas úmidas por todo o Brasil, assim como no norte da Colômbia, na Venezuela, na Bolívia e na Argentina. Pertenço à família da arara azul e também sou uma ave grande, chego até noventa centímetros do meu bico ao final de minha cauda. Costumamos voar em pares e nos amamos por toda a vida. Gosto muito de polpa de frutas e de sementes.

JACARÉ DO PANTANAL

Nome tupi-guarani: Jaeça-caré

Eu sou o jacaré do Pantanal e chego até quase trezentos quilos e três metros de comprimento. Me alimento de muitos peixes, caramujos e insetos e vivo no Pantanal, que é o local brasileiro mais preservado ecologicamente. Essa região é rica em fauna, abrigando grande parte dos animais existentes no Brasil.

TATU BOLA

Nome tupi-guarani: Tatu

Eu sou o tatu-bola e me encontro unicamente nas caatingas e cerrados brasileiros. Posso chegar a ter cinquenta centímetros e pesar 1,2 quilo. Quando sou ameaçado por predadores, fecho-me como uma bola com minha casca dura, assim protejo as partes mais moles do meu corpo. Alimento-me de formigas e cupins.

TUCANO

Nome tupi-guarani: Tucan

Eu sou o tucano, uma ave-símbolo muito especial para a América do Sul. Por minhas cores e meu bico grande, sou reconhecido como pássaro tropical. Há mais de trinta espécies de tucanos. No Brasil, encontramos com mais frequência, no cerrado e Mata Atlântica, os chamados tucanuçu, com bico alaranjado e preto, penas pretas, papada branca e pálpebras azuis. Gosto de várias frutas e também de insetos. Sou leve para o meu tamanho de cinquenta centímetros, chego a pesar quinhentos gramas.

ALFABETO

Aa ARARA

Bb BANANA

Cc

Dd

Ee

Ff

Gg

Hh

Ii ÍNDIA

Jj JACARÉ

Kk

Ll

Mm Nn Oo

MANGA

Pp Qq Rr

RIO DE JANEIRO

Ss Tt Uu

TARTARUGA

Vv Ww Xx

Yy Zz

CRÉDITOS

Criação, Direção Artística e Design
LUCIA VIANA

Design
MARTIN MERSCHDORF

Edição do texto
PROF.ª SILVANA PALLINI

Ilustração dos elementos fauna e flora
KATERINA SKORIK

Inscreva-se na nossa newsletter para receber uma lembracinha personalizada e notícias exclusivas sobre novas publicações.
mampabooks.com/animaisdobrasil

Printed by Amazon Italia Logistica S.r.l.
Torrazza Piemonte (TO), Italy

53044715R00022